De Barreras
a Puentes

De Barreras a Puentes

Un Tratado

María A Rodríguez

BMc TALKS

BMcTALKS Press
4980 South Alma School Road
Suite 2-493
Chandler, Arizona 85248

Primera edición

Tapa blanda (inglés): 978-1-953315-08-3
Libro electrónico (inglés): 978-1-953315-09-0
Tapa blanda (español): 978-1-953315-12-0
Libro electrónico (español): 978-1-953315-13-7

Diseño de la cubierta e interior de Medlar Publishing Solutions Pvt Ltd., India.

Impreso en los Estados Unidos de América.

*Dedicado a
aquellos que se están abriendo
a las olas púrpura de la verdad y
el amor, de esperanza y posibilidad.*

De Barreras a Puentes

Un Tratado

Contenido

Prefacio

Este texto sagrado tiene voluntad propia. He sido designada como Cáliz y Guardiana. Como tal, encontrará el uso destacado de mayúsculas a medida que lee este texto. Este formato se mantuvo intacto para honrar cómo recibí originalmente esta sabiduría. Cada palabra con mayúsculas tiene la función de emitir el poder de transformación de esa cualidad al leerla. Piense en los elementos con mayúsculas como ingredientes activos de un complemento multivitamínico para todo su ser: su cuerpo, su mente, su corazón y su espíritu.

También notará un ritmo y una cadencia que, en ocasiones, sustituye las normas gramaticales que se recomiendan normalmente. Esto se eligió en veneración de lo que debe transmitirse a través de este texto. Leerlo en voz alta puede activar aún más la naturaleza multidimensional de la sabiduría que contiene.

Ojalá este prefacio lo/la aliente a mantenerse leal a la naturaleza pura y el genio creativo de su propio conocimiento intuitivo.

María A Rodríguez

De Barreras a Puentes

De Impasses a Incursiones

Ya sea en nuestras relaciones, nuestros hábitos, nuestros negocios o nuestro gobierno, las Barreras se están disolviendo para ceder su lugar a puentes que se construyan donde alguna vez solo había barreras. Los Puentes aparecen en los lugares más insospechados.

Puentes entre dos partes en nuestro interior que tiran en direcciones opuestas durante décadas, para perpetuar nuestra inmovilidad:

> *Quiero libertad y Quiero seguridad. Te amo y Te odio.*
> *Soy bueno/a y Soy malo/a. El mundo es un asco, El mundo es genial.*
> *¡Soy guapo/a! ¡No lo soy!*

Puentes entre dos almas que han vivido la gran división, entre dos pueblos que se han odiado y matado.

Puentes entre el dinero y el alma, entre el YO y el NOSOTROS. Puentes entre la Verdad y el Amor.

Puentes de Compasión y Creatividad.

Los dos elementos más necesarios en el planeta.
Los que todos: nosotros,
usted y yo y ellos,
necesitamos.

Compasión y Creatividad ~ los Presagios más Potentes de nuestro Tiempo

Compasión y Creatividad ~

los dos elementos más necesarios del planeta

Debemos comenzar con la Compasión. Un momento, un momento, no es lo que usted piensa y… es lo que usted piensa.

Primero, permítame explicar.

No podemos aplicar compasión a aquello que no podemos sentir y que no comprendemos. Y no podemos sentir ni comprender aquello que no podemos ver o escuchar.

Entonces, primero debemos

Mirar de Cerca y Escuchar con Atención

Y aun así, no podemos hacer esto dentro de nuestro viejo paradigma De acuerdo/En desacuerdo. Un paradigma que, por su propia naturaleza, se pierde la otra mitad. Se pierde una mitad por completo. Pierde el 50 % de la perspectiva, de la historia, de lo que importa, de nosotros mismos. Un paradigma que siempre pregunta de qué lado estamos: izquierda o derecha, administración o empleado, esposo o esposa, nosotros o ellos, los buenos o los malos.

Considere esto

Estaba hablando por teléfono con un amigo para ponernos al día. Él me comentó que se estaba mudando a un nuevo espacio de oficina, porque en la universidad donde trabajaba no le estaba yendo bien. De pronto se enfureció y dijo: "El Presidente no es bueno para la educación superior". Continuó explicando cómo los recortes en la asistencia financiera habían reducido la asistencia. De pronto noté algo; No estaba segura de qué era. Luego comprendí que no se trataba de lo que se estaba diciendo, sino de la parte que faltaba, la presión y las críticas que el Presidente recibía en ese mismo momento por hacer exactamente lo contrario, no reducir los gastos del gobierno lo suficiente.

Mire de Cerca
y
Escuche con Atención

Solo podemos Mirar de Cerca y Escuchar con
Atención, al entrar en el mundo de 360 grados–

En el paradigma de los 360 grados.

En el mundo de la Perspectiva Completa,
En el mundo de Toda la Historia,
En el mundo del 100 %

En el espacio Intermedio

Considere esto

Poco tiempo después de la elección presidencial, después de escuchar a algunas personas que votaron igual que mi marido expresar sus reacciones, él me dijo: "Es curioso, como tú y yo (que en realidad votamos a equipos opuestos) estamos mucho más cerca de lo que yo estoy con respecto de muchas personas de mi propio partido".

Luego y solo entonces, al movernos hacia la alineación con la Verdad, con la Claridad que proviene de la Verdad de 360° dentro de este paradigma, ahora salimos de nuestras numerosas alineaciones erróneas; alineaciones erróneas en las actitudes, el trabajo, las percepciones, las relaciones, los sistemas y la lista sigue.

Luego y solo entonces, podemos movernos hacia los estados del ser, hacia las calidades de ser, que nos conducen personal y colectivamente hacia terrenos más elevados. Que realmente bendice todas las cosas.

¡Yo elijo la manera de 360°!

Considere esto

PERSPECTIVA DE 360 GRADOS	PERSPECTIVA DE ACUERDO/EN DESACUERDO
expande	reduce
firme y flexible	rígido o colapsado
nos abre	nos cierra
mira hacia dentro y hacia afuera, hacia arriba y hacia abajo	enfrenta con o contra
une (nosotros y ellos, tú y yo)	divide (nosotros frente a ellos, tú frente a mí)
diferenciado	simbiótico
Armonioso, con diálogo y flujo sinérgico hacia el dilema sagrado	Opuesto, con lucha de poderes y debate que conduce al conflicto y a estancamientos
pondera y considera, explica y verifica, co-discierne y co-crea	evita e ignora, supone y saca conclusiones, acepta o rechaza
blanco y negro y todos los matices de gris y colores intermedios	blanco o negro
ambos/y	uno u otro
aumenta el centro del círculo (o grupo), el espacio "entre nosotros"	colapsa el centro del círculo, el espacio "entre nosotros"
nos hace progresar: emergemos en un lugar nuevo	nos estancamos: permanecemos en el mismo lugar

Verifique
y
Explique

multidimensional: ve también el nivel de espejo, microcosmos y metáfora	*unidimensional: solo ve el nivel de un hecho individual, una sospecha, interpretación y proyección*
centrado, claro, confiado, curioso y compasivo	*crítico, defensivo, manipulador o resignado*
transparente e indefenso	*oculto y defendido*
humilde y seguro respetuoso y considerado dispuesto y presente	*arrogante y agresivo pasivo y sumiso resistente y evasivo*
busca la Verdad de la gran "V", sabiendo que hay más por descubrir / abierto a todas las verdades pequeñas dentro de la Verdad	*ve solo algunas verdades pequeñas, creyendo que son la Verdad de la gran "V"/ cerrada al resto de la Verdad*

⌒ o ⌒ o ⌒

Con frecuencia confundimos la Compasión con una falta de disposición para ver la verdad, con la aceptación y la tolerancia de lo que es inaceptable e intolerable. Confundimos la Compasión con permitir y prolongar lo que sea dañino o esté mal alineado.

Cuando, en realidad, es la Claridad la que proviene solamente de ojos Compasivos (que le agrega interés y valor a todo lo que es, lo bueno, lo malo, lo feo y todo lo que hay en el medio) que nos conduce a ver la imagen completa y, a través de ella, a la alineación divina.

Cuando en realidad, la Compasión es lo que evita, ignora, minimiza, maximiza y distorsiona *nada*. Cuando en realidad, la Compasión es lo que no omite *nada*.

Y para los fanáticos de la responsabilidad (lo inteligentes que son), la compasión responsabiliza a todos y a todo. Sí, … responsabiliza.

Multidimensional~
¡Así soy yo!

los Ojos del Corazón lo ven todo

Considere esto

Recuerde un momento cuando escuchó que alguien expresaba lo que creía que era compasión por otra persona, y en realidad era claro que estaba en negación con respecto a esa otra persona, no estaba viendo toda la verdad con relación al otro. ¿Recuerda la sensación en su cuerpo? Quizá era tensa e incómoda, ¿no es cierto?

Ahora imagine la misma escena,
pero esta vez ellos ven lo esencial de todo,
no niegan ni excusan nada, hacen lo que debe hacerse
y, aun así, al mismo tiempo
bendicen a la otra persona con Luz, Amor y Buena Voluntad.

Ahora ven mucho más allá de los ojos de simpatía o juicio.
Ahora están dentro de los límites, los fijan y los aplican,
límites que son la combinación perfecta para todo lo que es,
y, aun así, al mismo tiempo
bendicen a la otra persona con Luz, Amor y Buena Voluntad.

Ahora, ¿cuál es la sensación en su cuerpo?
¿Puede sentirlo?
Una sensación de paz
Una sensación de justicia y bondad para todos.
Una sensación de seguridad y protección
Una sensación de estar arraigado y centrado.
Una sensación de comodidad.

Este es el estado de Compasión.
Esta es la luz de la Claridad que existe
dentro de la Compasión.

los Ojos del Corazón lo ven todo

La Verdad no es una cuestión de opinión

La Verdad no es una cuestión de opinión

La Verdad no es una cuestión de opinión

Es lo que Es

Incluye a todo y a todos al mismo tiempo

No puede moverse
Solo puede descubrirse

Solo pueden descubrirla aquellos que ahora escuchan el Llamado y tienen el Coraje de hacerlo.

Porque cuando la Verdad es lo que estamos buscando, todos encontramos lo mismo.

Lo Mismo

¿Pueden creerlo?

¿Se atreven a creerlo?

Uno por uno, dos por dos, cien por cien, estamos escuchando ese *llamado* y asumiendo ese *coraje*.

Quizá ya sea usted. Quizá esté cerca de ser usted.

la Verdad no
puede moverse,

solo puede
Descubrirse

Hay muchos puentes que pueden ayudarnos a cruzar hacia este paradigma tan necesario. Los puentes que han estado ahí desde siempre y los más nuevos, que surgen por todos lados.

Para algunos, es el puente de la meditación, de la plegaria, de la sanación, de la terapia, de los retiros.

Para otros, es estar en un campo de golf un día en el que está bien, sin importar cómo jueguen al golf.

Los niños, los animales y la naturaleza tienen una manera especial de hacernos cruzar también, junto con…

Las historias y los narradores
Los artistas, los músicos, los escritores
El mundo de la ciencia en su naturaleza infinita.

Considere esto

"Solo haga una Pausa, una
Pausa, una Pausa porque esa
Pausa en sí misma es Oro"

Solo haga una Pausa
cuando esté agitado y apurado
por algo o por alguien incluido
usted mismo
quizá en especial por
usted mismo y
pregúntese:

¿DÓNDE ESTÁ LA OTRA MANO?

¿¿¿Dónde está la otra mano???

¿Dónde está la otra mano?

Porque incluso si no puede ver aun lo que está en su punto ciego, qué hay más allá de su experiencia, esta otra mano

Porque incluso si no puede sentirla aun ni tocarla ni conocerla, solo moverse hacia este nuevo centro, a medida que deja lugar para esta mitad faltante, esta mano faltante

Solo moverse hacia el espacio que vive entre las dos manos,

Lo llevará al lugar perfecto, al punto indicado, a aquel que todos buscamos con desesperación.

Porque ya no necesitamos ver ni escuchar ni entender ni sentir ni conocer. Gracias a Dios.

¡Este puente de "pausar y preguntarse" nos lleva justo a ese punto indicado solo con la pregunta! "¿Dónde está la otra mano?"

No hay necesidad de una respuesta. Porque ya hemos *cambiado y nos trasladamos*, *cambiado y nos trasladamos* y luego...

Y luego, podemos ingresar de lleno en el mundo de la Creatividad.

Sí, Creatividad. Ya escuchó antes de la Resolución Creativa de Problemas...

la clase de resolución que es real.

La *clase* que no se distrae, no se desvía, ni se demora por nada.

La *clase* que no da vueltas en círculos.

La *clase* que no se anula ante nada.

La *clase* que fluye en todos lados,
alrededor de los 360 grados,
no se aleja demasiado ni por mucho tiempo del centro de todo, donde vive el Equilibrio.

Porque allí es donde también vive la fuente de la Creatividad Infinita.

Estoy
Cambiando
y
Trasladándome

Porque allí es donde también vive la fuente de la Creatividad Infinita:

Donde lo que parece imposible de resolver, se resuelve y disuelve.

Donde nacen y crecen ideas sorprendentes y milagrosas.

Donde dibujamos, borramos y contemplamos... y luego repetimos.

Donde colaboramos y cooperamos.

Donde enfrentamos las verdades…

las más sencillas y las más difíciles,
las más claras y las más confusas,
las armoniosas y las conflictivas,
las que nos animan y las que nos desalientan.

Todas juntas en un solo lugar.

Todos son bienvenidos aquí,

Porque aquí está todo lo que es.

Considere esto

Una cliente viene a verme después de años de terapia tradicional. Ella ha estado debatiéndose entre dos hombres, yendo y viniendo sin llegar a ningún lugar. Le digo amablemente que, si la respuesta hubiera estado allí, la habría encontrado hace mucho tiempo. A medida que cambiamos a este paradigma de 360 grados y hacia las aguas vivientes que residen allí, llegamos a lugares en su historia de vida, hacia el mundo subterráneo de su psique, incluso a los

Quiero vivir donde también vive la fuente de la Creatividad Infinita

espacios más allá de esta vida, agregamos muchos ingredientes nuevos a lo que ella ya sabía que estaba allí. Se descubrió a sí misma creando una receta totalmente nueva a partir de lo que estaba verdaderamente ahí, lo mezcló todo, se centró allí, creó una imagen más completa y más verdadera que por primera vez le permite ser, la libera, la guía...directo hacia la alineación. Y cuando estamos alineados, le aportamos esa energía de alineación a todo lo que tocamos.

Es realmente el toque de Midas.

¡Aleluya!

Esta cliente me dijo en diversas oportunidades "Eres un genio", "Eres milagrosa". Cada vez que me lo dijo sonreí. Cada vez hice un gesto de gratitud para todo y todos los que me han guiado, antes de poder guiarla a ella y a otras personas, hacia el centro de este paradigma sagrado. Donde yace el genio de la Verdad y donde sí se producen milagros.

Quizá ella también se convierta en embajadora, en humilde representante de Todo Esto.

Con Compasión y a través de la Creatividad llegamos al borde mismo de la Alineación. Terminemos este Tratado con esto:

ALINEAR
ALINEAR
ALINEAR

*porque incluso
la menor de las
desalineaciones
tiene el más grande
de los efectos*

Considere esto

*Me voy a reunir con un cliente y acto seguido, estoy de pie
entregando un mensaje a viva voz que proviene de Dios sabe dónde:*

"ALINEAR
ALINEAR
ALINEAR

porque incluso la menor de las desalineaciones
tiene el más grande de los efectos."

*Vuelvo a sentarme, ambas impresionadas ante el poder de estas
palabras, ante el poder de este mensaje… aún más bendecida,
a medida que surte efecto.*

Alineación, Alineación con el Ser Completo, Alineación con el
Mundo Completo.
Uno de los numerosos tesoros dorados que encontramos,
una de tantas cosas que se hacen posibles cuando
cambiamos hacia la Compasión y la Creatividad.
Porque de eso están hechos los Puentes.
Y, aun así, solo llegamos al borde mismo de la Alineación
a través de la Compasión y la Creatividad. Tenemos que elegir
Alinearnos, luego Alinearnos y luego Alinearnos más.

Con cada paso, con cada nueva alineación,
los Puentes se extienden y se fortalecen, se fortalecen y se extienden.

Alineación con el Ser Completo

Alineación con el Mundo Completo

De Barreras a Puentes

De Impasses a Incursiones

Desde la Desalineación a la Alineación:

Un Tratado

de María A Rodríguez

De Barreras a Puentes

El nacimiento del Tratado

Después de una larga mañana de capturar otro relato místico y mágico que se había producido algunas semanas antes, un relato sobre un clip de dinero perdido y luego encontrado, perdido y encontrado de maneras bastante dramáticas, estaba cansada de escribir... o eso creía. Fue como si al expulsar ese relato, se hubiera creado un vacío en mi interior y esto no podía esperar para verterse en ese vacío. Y eso hizo: verterse en mi interior.

Salí de la oficina, subí al auto, preocupada por el tiempo, pensando en los trámites que todavía tenía que hacer y decidí que sería "Ulta la primera parada" ya que se había terminado uno de mis productos para el cabello y no quería olvidarlo. Al salir de mi espacio de estacionamiento, mi mente seguía por ese camino: ¿qué debía cocinar para la cena? Ah, necesito devolver eso en Target....

Ni siquiera había salido del estacionamiento cuando, desde afuera del parloteo de mi mente, escucho: *"Compasión y Creatividad: los dos elementos más necesarios del planeta"*. ¡¡¿Qué?! Y la voz continuó: *"No podemos tener compasión por aquello que no podemos sentir y que no comprendemos; no podemos sentir ni comprender aquello que no vemos o no escuchamos"*. Y siguió así.

En realidad, no sé cómo llegué a Ulta. Estacioné abruptamente, desesperada para tomar mi iPhone y comenzar a escribir, escribir, escribir. No podía escribir con velocidad suficiente para seguir el ritmo de la voz. Cuando dejó de hablar, impresionada, con los pulgares doloridos, miré hacia arriba, no estaba segura de dónde estaba o qué estaba haciendo allí. Lo primero que veo es Ulta. Y luego todo me volvió. ¡¡¿Qué cuernos fue eso?!, pensé para mis adentros. *"Un Tratado,"* escuché. Sí, así es. ¡Recibí una respuesta real!

Bueno, ¿qué diablos es un tratado? Mi única sensación de esto era muy vaga porque venía del pasado distante... quizá de una clase de Ciencias Políticas. Ah, esperen, no dije Acuerdo, dije Tratado. Y pensar en lo raro que me pareció el relato del clip de dinero de esa mañana. ¡Ahora un tratado, nada menos!

Y, por supuesto, tuve que buscar el significado de Tratado, muy fácil ya que soy un poco adicta a mi aplicación del Diccionario Merriam Webster. Dice, "*Un Tratado es una exposición o argumento sistemático por escrito incluido un debate metódico de los hechos y principios involucrados y las conclusiones alcanzadas*". ¿Qué? Bien, tenía por cierto un aire diferente a mi estilo de escritura habitual. Y había hechos y principios y conclusiones. Pero, la parte de "sistemático y metódico" y una voz extraña, conducción loca, estacionamiento en Ulta, escritura a la carrera en el iPhone no parecían tener mucho en común. Bueno, dijeron que era un tratado, así que es un Tratado.

Di por hecho que el título sería "Compasión y Creatividad: Un Tratado" ya que así había comenzado. Pero luego, mi grupo de capacitación mensual (mmm, cómo describirlo… algo como "Somos Arquetipos") tenía su reunión final y fiesta de Navidad. En un punto, una de las chicas y yo estábamos sentadas en el sofá, maravilladas por una sanación en progreso donde antes había tensión en el grupo. En ese mismo momento en que ella decía: "Las Barreras se están disolviendo," yo decía, "Se están construyendo Puentes". Nos congelamos, nos miramos fijo, superadas por el poder sagrado que nos rodeó de pronto. Luego dije, "Barreras y Puentes, Puentes y Barreras... De Barreras a Puentes". Ella ni se molestó en preguntar de qué hablaba porque ya era demasiado.

Más tarde entré al auto para ir a casa (lo sé, pensar en mí detrás del volante ya da un poco de miedo), y escuché: "*De Barreras a Puentes: Un Tratado*". ¡¿Qué?! Ah, es cierto, esa cosa extraña que escribí en el estacionamiento de Ulta. ¡Supongo que me estaban mostrando que debía corregir el título! Guau. Bueno. Entonces empiezo a sentir que fluyen más cosas. Y luego, lo adivinaron, mientras conducía a casa escuché: "*De Barreras a Puentes, de Impasses a Incursiones…*" y en un trote breve, por fortuna, en lugar de esa maratón de escritura de más temprano, escuché el resto del pasaje de apertura verdadero de este Tratado.

Llegué a la entrada del auto, saqué mi útil iPhone y escribí todo. No sé qué fue… había algo en esa nueva apertura.

Estaba comenzando a entenderlo, a entenderlo en forma de realidad aleccionadora. De una manera que me quitaba el aliento. De una manera que gritaba "Esto es Grande". Esto es realmente, realmente Grande. Y debo hacerlo. Tengo que encontrar la manera de difundirlo. Debo encontrar la manera.

Entonces, aquí estamos. Aquí estoy presentando este Tratado. Y Usted ayudando a difundirlo. Muchas, muchas gracias. En serio. En serio.

María

Acerca de María

María A Rodríguez es trabajadora social clínica devenida revolucionaria evolucionaria. Comenzó su carrera como trabajadora social de la policía y líder comunitaria, que asiste a muchas personas afectadas por violencia doméstica, disturbios familiares, enfermedad mental y muerte traumática. Mientras se encontraba en medio de su propia sanación transformadora en un programa de capacitación para terapia de parejas, las fuerzas espirituales llegaron a su vida, para cambiar el curso de su existencia para siempre. Atravesó un cambio fundamental en su relación, dio un giro inesperado en su carrera y tuvo un despertar espiritual profundo.

Estos sucesos místicos continuaron cuando María despertó al recibir las palabras "Espacios Sagrados: en nuestro interior, entre nosotros, a nuestro alrededor", un nuevo nombre y una dirección única para su práctica privada. Su sentido de totalidad y vitalidad creció a medida que se alineó más con su propio camino, su pasión y su propósito. Durante una sesión desafiante con un cliente, comenzó a recibir un contenido de sabiduría profundamente liberador al guiarnos en "Cómo quebrar nuestros Ciclos de Vergüenza Toxica". También emergió un modelo para "Cómo llevar una vida Impulsada por el Espíritu" que nos ayuda a acceder y a vivir en alineación con la orientación de nuestra alma.

Con el tiempo, esto evolucionó para convertirse en "Siete Puentes hacia una Conciencia Elevada" con cambios fundamentales adicionales para nuestra manera de pensar, de ser, de vivir y de relacionarnos. Ella desarrolló Cour de Grace, LLC como un foro en línea para continuar con su sueño de una revolución de la evolución, basada en estos paradigmas iluminados y poderosos para vivir. Ella imagina una escuela de sabiduría y movimiento social, que conduzca a un mundo donde estos se conviertan en nuestras mentalidades y conjunto de habilidades centrales. María está dedicada a sanarnos a nosotros, a sanar nuestras relaciones y nuestras comunidades para, de ese modo, liberar el poder de la gracia en el mundo.

www.ingramcontent.com/pod-product-compliance
Lightning Source LLC
Chambersburg PA
CBHW071801020426
42331CB00008B/2351